BEI GRIN MACHT SICH IHR WISSEN BEZAHLT

- Wir veröffentlichen Ihre Hausarbeit, Bachelor- und Masterarbeit

- Ihr eigenes eBook und Buch - weltweit in allen wichtigen Shops

- Verdienen Sie an jedem Verkauf

Jetzt bei www.GRIN.com hochladen und kostenlos publizieren

GRIN

Bibliografische Information der Deutschen Nationalbibliothek:

Die Deutsche Bibliothek verzeichnet diese Publikation in der Deutschen National-
bibliografie; detaillierte bibliografische Daten sind im Internet über http://dnb.d-
nb.de/ abrufbar.

Impressum:

Copyright © 2012 GRIN Verlag, Open Publishing GmbH
Druck und Bindung: Books on Demand GmbH, Norderstedt Germany
ISBN: 9783668345003

Dieses Buch bei GRIN:

http://www.grin.com/de/e-book/344810/anti-terrorgesetzgebung-in-deutschland-
eine-effiziente-antwort-auf-das

Tassilo Koch

Anti-Terrorgesetzgebung in Deutschland. Eine effiziente Antwort auf das Sicherheitsbedürfnis der Bevölkerung?

GRIN Verlag

2012

Anti - Terrorgesetzgebung in Deutschland:

Eine effiziente Antwort auf das Sicherheitsbedürfnis der Bevölkerung?

Autor: Tassilo Dominik Koch
Die fünfte Prüfungskomponente - BLL.
Bestandteil des Abiturs 2013
19.12.2012

Inhaltsverzeichnis

Anti- Terrorgesetzgebung in Deutschland: Eine effiziente Antwort auf das Sicherheitsbedürfnis der Bevölkerung?

I. Einführung

Die globale Sicherheitslage hat sich seit dem Ende des kalten Krieges erheblich verändert. Diese Erkenntnis ist, so oder ähnlich formuliert, allgemeiner Konsens.

Was aber bedeutet die veränderte Sicherheitslage? Die Antwort auf diese Frage haben auf grausamste Art und Weise die Anschläge islamistischer Terroristen seit dem Jahr 2001 gezeigt. Exemplarisch seien vor allem die Anschläge in den USA auf das World Trade Center in New York und das Pentagon in Washington D.C. am 11.09.2001 genannt, bei denen etwa 3000 Menschen ums Leben kamen. Dass es sich nicht nur um einen Angriff auf die USA, sondern um den Anfang einer Anschlagserie auf die gesamte westliche Welt handelte, zeigten unter anderem die Anschläge in Madrid am 11.03.2004 mit 191 Toten und 2051 Verletzten[1] sowie die Attentate in der Londoner U-Bahn vom 07.07.2005, bei denen 56 Menschen ums Leben kamen und über 700 verletzt wurden.[2] Bedauerlicher Weise kann die Liste verübter und vereitelter Anschläge noch weit fortgeführt werden, um den Rahmen dieser Arbeit nicht zu sprengen, sollen aber vor allem die Attentate genannt werden, die sich aufgrund ihrer besonderen Grausamkeit und großen Anzahl unschuldiger Opfer besonders in das allgemeine Gedächtnis eingebrannt haben.

Was hat das mit uns Deutschen und mit der Bundesrepublik Deutschland zu tun? Noch 15 Jahre zuvor wären die Bürger der Bundesrepublik Deutschland erschüttert über die grausamen Attentate gewesen, hätten sich solidarisch erklärt und ehrliches Mitleid empfunden. Bedroht gefühlt hätten sie sich vermutlich nicht oder zumindest wesentlich weniger als 2001 und in den darauf folgenden Jahren.

Bereits in seiner Regierungserklärung vom 12.09.2001 betonte der damalige Bundeskanzler Gerhard Schröder: *„Die gestrigen Anschläge in New York und Washington sind nicht nur ein Angriff auf die Vereinigten Staaten von Amerika; sie sind eine Kriegserklärung gegen die gesamte zivilisierte Welt".*[3] Die Vernetzung, die Globalisierung von Wirtschaft und Politik hat dazu geführt, dass Staaten und folglich auch Angriffe auf sie nicht mehr isoliert gesehen werden können, sondern als Teil der Bündnisse wie etwa der UNO, NATO usw. denen sie angehören. Die Verbindung Deutschlands zu den Anschlägen vom 11.09.2001 wurde noch deutlicher, als

---

[1] http://de.wikipedia.org/wiki/Madrider_Zuganschl%C3%A4ge#Orte_der_Explosionen, zuletzt abgerufen am 05.10.2012.
[2] http://de.wikipedia.org/wiki/Terroranschl%C3%A4ge_am_7._Juli_2005_in_London, zuletzt abgerufen am 05.10.2012.
[3] http://www.documentarchiv.de/brd/2001/rede_schroeder_terror-usa.html, zuletzt abgerufen am 01.10.2012.

herauskam, dass einige der Attentäter jahrelang unbehelligt in Hamburg gelebt und studiert und die Anschläge auch teilweise hier geplant hatten.[4]

Der damalige Bundeskanzler Schröder hatte Recht, die Anschläge von New York und Washington betrafen auch Deutschland. Vor allem aber schürten Sie das Gefühl von Angst. Angst vor einer bisher öffentlich nicht wahrgenommenen, undifferenzierten Bedrohung durch den internationalen Terrorismus. Als im Januar 2003 ein geistig verwirrter Psychologiestudent mit seinem Kleinflugzeug zwischen den Hochhäusern in Frankfurt am Main umherflog, hielt die Nation vor Angst den Atem an. Noch näher schien die Bedrohung, als am 31.07.2006 in Köln Anschläge durch Kofferbomben in Regionalzügen vereitelt werden konnten.[5] Dass die Bomben nicht hätten explodieren können, konnte nicht beruhigen.

Die veränderte Sicherheits- bzw. Bedrohungslage meint mithin, dass die Gefahren und Risiken undifferenzierter geworden sind, der Gegner ist nicht mehr ein anderer Staat oder ein anderes politisches System, sondern es sind kleine Gruppen von Zivilpersonen, die aufgrund des technischen Fortschritts in der Lage sind, eine ungeheure Vielzahl von Menschen zu töten. Der Angriff kann grundsätzlich jederzeit an jedem Ort erfolgen.

Die vorliegende Arbeit will untersuchen, ob und inwiefern die nach den Anschlägen vom 11.09.2001 geänderte Gesetzeslage zu mehr Sicherheit beigetragen hat. Auf eine zu detaillierte Darstellung einzelner Gesetzesänderungen soll dabei verzichtet werden. Vielmehr geht es darum, zu überprüfen, ob sich die tatsächliche Bedrohungslage durch den internationalen Terrorismus nach 9/11 und die geschaffene Rechtslage verhältnismäßig gegenüberstehen und was der Faktor „**Sicherheit**" in diesem Kontext bedeutet. Ist als Sicherheit nur die **objektive Verringerung der Gefahr** zu verstehen? Inwiefern spielt **subjektiv empfundene Sicherheit** eine Rolle?

Begonnen wird mit der Darstellung der veränderten Gesetzeslage in der Bundesrepublik Deutschland nach den Anschlägen vom 11.09.2001 (S. II). Anschließend wird zunächst anhand objektiver Kriterien bewertet, ob sich die Sicherheitslage Deutschlands verbessert hat. In diesem Zusammenhang soll auch auf die **Grundrechtseinschränkungen** durch die erweiterten Befugnisse eingegangen werden. Geben wir unsere **Freiheit** zu Gunsten der Sicherheit auf? (S. III). Schließlich erfolgt eine **Bewertung** der gefunden Ergebnisse anhand psychologischer Maßstäbe:

---

[4] Zur sog. Hamburger Terrorzelle und vor allem den Strafprozessen gegen die mutmaßlichen Gehilfen Mounir El Motassadeq (rechtskräftig zu 15 Jahren Haft verurteilt) und Abdelghani Mzoudi (rechtskräftig freigesprochen) s. http://www.stern.de/panorama/hamburger-terrorzelle-90392872t.html, zuletzt abgerufen am 05.10.2012.
[5] http://juris.bundesgerichtshof.de/cgi-bin/rechtsprechung/document.py?Gericht=bgh&Art=pm&pm_nummer=0013/10, zuletzt abgerufen am 05.10.2012.

Wie groß ist das Bedürfnis nach Sicherheit? Korrespondiert die gefühlte mit der objektiv vorhandenen Sicherheit? (S. IV).

II. Die Antwort der Bundesrepublik Deutschland auf die neue Bedrohungslage: Die veränderte Sicherheitsgesetzgebung nach dem 11.09.2001

1. Sicherheitsgesetze als Reaktion auf aktuelle Gefahren

Die Einführung neuer Sicherheitsgesetze auch als Reaktion auf aktuelle Anlässe ist in der Bundesrepublik Deutschland nichts Neues. Bereits 1968 wurde die sog. **Notstandsverfassung**, [6] durch die zahlreiche Kompetenzen geschaffen und die Möglichkeit zur weiten Einschränkung der Grundrechte der Bürger ermöglicht wurden, auch als Reaktion auf die Aufstände und Unruhen, vor allem durch Studenten, im Jahre `68 eingeführt.

Als Reaktion auf den **Terrorismus der RAF** in den 1970er Jahren wurden weitere Gesetze erlassen, die die innere Sicherheit der BRD erhöhen sollten. Die wichtigsten sind das unter Strafe stellen der Bildung einer terroristischer Vereinigungen durch die Einführung des § 129a StGB (Bildung terroristischer Vereinigungen) sowie das Kontaktsperregesetz.[7]

Sowohl die Sicherheitsgesetze von 1968 wie auch von 1977/ 78 sind in ihrer Reichweite und grundrechtsbeeinträchtigenden Funktion nicht zu unterschätzen. Zu den nach den Anschlägen vom 11.09.2001 verabschiedeten Gesetzen sind sie jedoch kein Vergleich.

2. Die Sicherheitsgesetze nach 9/11

In Reaktion auf die Geschehnisse vom 1.09.2001 wurden in Deutschland **zwei Sicherheitspakete** verabschiedet, die zahlreiche Vorschriften in bestehenden Gesetzen änderten und anfügten. Durch die Vielzahl der vorgenommenen Gesetzesänderungen ist es an dieser Stelle nicht möglich, sämtliche Änderungen und Erweiterungen darzustellen. Hervorgehoben werden sollen aber die wichtigsten Veränderungen.

---

[6] Siebzehntes Gesetz zur Ergänzung des Grundgesetzes ["Notstandsgesetze"] Vom 24. Juni 1968 BGBl. I, S. 709-714.
[7] § 31 EGGVG, § 31 eingef. durch G v. 30. 9. 1977 (BGBl. I S. 1877).

a) Erstes Sicherheitspaket

Das erste Sicherheitspaket wurde **wenige Tage nach den Anschlägen beschlossen**. Durch das erste Sicherheitspaket wurde in erster Linie § 129a StGB um § 129b StGB (Kriminelle und terroristische Vereinigungen im Ausland; Erweiterter Verfall und Einziehung) ergänzt.[8] Unter Strafe steht damit nun auch die Bildung terroristischer Vereinigungen im Ausland. Weiterhin sind nun auch bloße Sympathieerklärungen zu derartigen Vereinigungen unter Strafe gestellt. Als weitere Maßnahme des ersten Sicherheitspaketes wurde das Religionsprivileg im Vereinsrecht gestrichen. [9] Schließlich wurde die Absicht erklärt, die Flugsicherheit durch die Sicherheitsüberprüfung aller Flughafenmitarbeiter zu erhöhen.

b) Zweites Sicherheitspaket — Terrorismusbekämpfungsgesetz

Wesentlich weitergehende Regelungen als das erste Sicherheitspaket enthält das zweite Sicherheitspaket, auch bekannt als **Terrorismusbekämpfungsgesetz** (TBG).[10] Das TBG hat mit nahezu 100 Vorschriften Normen in 17 Gesetzen geändert.

Während durch das erste Sicherheitspakete, bzw. die Einführung des § 129b StGB der Schwerpunkt auf repressiven Maßnahmen liegt, verfolgt das zweite Sicherheitspaket in erster Linie den Schutz gefährdeter Rechtsgüter durch präventive Maßnahmen:[11] Der **Schwerpunkt** liegt auf der erweiterten Befugnis zur **Erhebung und Weitergabe von Informationen** durch staatliche Institutionen.

Im Einzelnen seien die wichtigsten Befugniserweiterungen genannt:

Das **Bundesamt für Verfassungsschutz** (BfV) [12] wurde ermächtigt, Informationen zu Bankkonten, deren Inhabern und Verfügungsberechtigten einzuholen, Auskünfte zu den Umständen des Post [13] - und Telekommunikationsverkehrs von Personen einzuholen sowie bei Luftverkehrsunternehmen Informationen über die Inanspruchnahme von Luftverkehrsdienstleistungen von Personen abzufragen. Der **militärische Abschirmdienst** MAD [14] und der **Bundesnachrichtendienst** (BND) [15] haben ähnliche Befugnisse über Datenerhebung- und Speicherung erhalten.

Das **Sicherheitsüberprüfungsgesetz** wurde dahingehend geändert, dass eine regelmäßige Überprüfung von in sicherheitsempflindlichen Bereichen tätigen Personals

---

[8] Vgl. Bt-Drs. 14/7025.
[9] Bis zum 07.12.2001 wurden Religionsgemeinschaften nach § Abs.2 Nr. 3 VereinsG nicht als Vereine behandelt und konnten dementsprechend auch nicht nach § 3 VereinsG verboten werden.
[10] Gesetz zur Bekämpfung des internationalen Terrorismus (Terrorismusbekämpfungsgesetz) vom 09. Januar 2002, BGBl. I, S. 361.
[11] Lepsius, S. 6.
[12] Art. 1 TBG
[13] Diese Befugnis wurde durch das TBEG wieder entzogen, s. dazu unten.
[14] Art. 2 TBG
[15] Art. 3 TBG

und von Bewerbern auf derartige Stellen wird ermöglicht wurde. [16] Nennenswert erweitert wurden auch die Befugnisse des **Bundesgrenzschutzes** (BGS)[17]: Der BGS wurde ermächtigt, Grenzkontrollen auf einem erweiterten Gebiet im Landesinneren durchzuführen, außerdem wurde der Einsatz von sog. „**Sky-Marshalls**" in Luftfahrzeugen zugelassen.[18]

Änderung des **Passgesetzes** [19] und des **Personalausweisgesetzes** [20] wurden dergestalt vorgenommen, dass in die Dokumente neben Lichtbild und Unterschrift weitere **biometrische Daten** eingebracht werden dürfen und zwar auch so, dass der Betreffende sie nicht entschlüsseln kann. Inzwischen werden neue Reisepässe und Personalausweise ausgegeben, die enthalten.[21] In das **Vereinsgesetz** wurde neben der Aufhebung des Religionsprivilegs die Möglichkeit zum Verbot von Ausländervereinen eingeführt.[22]

Das **Bundeskriminalamt** (BKA) erhielt erweiterte Befugnisse im Bereich der Strafverfolgung und der Datenermittlung bei anderen Stellen.[23]

Die Aufenthaltsgenehmigung von Ausländern sollte wie Personalausweis und Reisepass um weitere biometrische Merkmale ergänzt werden, außerdem wurden die Gründe, um eine Aufenthaltsgenehmigung in der BRD zu versagen, erweitert. [24] Änderungen erhielten in diesem Bereich auch das Asylverfahrensgesetz, [25] das Gesetzes über das Ausländerzentralregister [26] und der entsprechenden Durchführungsverordnung[27] Weiterhin wurde eine erweiterte Überprüfungsmöglichkeit von Personen eingeführt, die in sicherheitsempfindlichen Bereichen der Luftfahrt tätig sind.[28]

Nach seinem Art. 22 war das TBG hinsichtlich der Änderungen betreffend das MAD-Gesetz, das BND-Gesetz, das Art. 10-Gesetz, das Sicherheitsüberprüfungsgesetz und das BKA Gesetz **befristet und zu evaluieren**. Als Ergebnis der Evaluierung wurde das **Terrorismusbekämpfungsergänzugsgesetz** (TBEG) erlassen.[29] Die durch das TBG den Sicherheitsbehörden eingeräumten Befugnisse wurden beibehalten und

---

[16] Art. 5 TBG

[17] Bundespolizei

[18] Art. 4a TBG

[19] Art. 7 TBG

[20] Art. 8 TBG

[21] S. z. B das "Personalausweisgesetz vom 18. Juni 2009 (BGBl. I S. 1346), das durch Artikel 4 des Gesetzes vom 22. Dezember 2011 (BGBl. I S. 2959) geändert worden ist"

[22] Art. 9 TBG

[23] Art. 10 TBG

[24] Art. 11 TBG; das Ausländergesetz ist inzwischen außer Kraft getreten und durch das Aufenthaltsgesetz ersetzt worden

[25] Art. 12 TBG

[26] Art. 13 TBG

[27] Art. 14 TBG

[28] Art. 19 TBG.

[29] Gesetz zur Ergänzung des Terrorismusbekämpfungsgesetzes Terrorismusbekämpfungsergänzugsgesetz vom 5. Januar 2007 (BGBl. I S. 2), zuletzt geändert durch Art. 6 Nr. 3 G zur Änd. des BundesverfassungsschutzG vom 7. 12. 2011 (BGBl. I S. 2576).

teilweise sogar noch erweitert. Daneben wurde das StGB um die Straftatbestände des § 89a (Vorbereitung einer schweren staatsgefährdenden Tat) und § 89b (Aufnahme von Beziehungen zu einer schweren staatsgefährdenden Gewalttat) ergänzt. Das TBEG enthielt wiederum selbst eine Befristung zum 2011 und war für das Jahr 2009 zu evaluieren. Trotz kontroverser Diskussionen in Politik und Gesellschaft wurden die Befugnisse Ende 2011 um weitere 4 Jahre verlängert.[30] Am 10.01.2012 trat außerdem das Gesetz zur Änderung des Verfassungsschutzgesetzes in Kraft, das als Ergebnis der Evaluierung des TBEG die Befugnisse der Nachrichtendienste des Bundes erweitert.

c) Sonstige Maßnahmen

Weiterhin wurde die sog. **Antiterrordatei**[31] beim BKA eingerichtet, auf welche 38 deutsche Sicherheitsbehörden zugreifen können, die grundsätzlich nicht zusammenarbeiten. Aktuell, im November 2012, befasst sich das Bundesverfassungsgericht mit der Frage, ob die Antiterrordatei, auf die zwischen 2007 und 2011 etwa 300.000 Mal zugegriffen wurde, mit dem Grundgesetz vereinbar ist.[32] Ebenfalls zur Verbesserung der Behördenvernetzung wurde im Dezember 2004 das **Gemeinsame Terrorismusabwehrzentrum** (GTAZ) eingerichtet, welches als gemeinsame Koordinierungsstelle der Sicherheitsbehörden von Bund und Ländern die operative Arbeit zur Bekämpfung des islamischen Terrorismus verbessern soll.

Bereits für verfassungswidrig erklärte das Bundeserverfassungsgericht die anlasslose Speicherung personenbezogener Daten, sog. **Vorratsdatenspeicherung**.[33] Ebenfalls für verfassungswidrig und nichtig wurde das **Luftsicherheitsgesetz** erklärt, dass es ermöglichen sollte, von Terroristen entführte Flugzeuge auch dann abzuschießen, wenn unbeteiligte Passagiere an Bord sind[34]

Die nach den Anschlägen vom 11.09.2001 ergriffenen Maßnahmen mithin ausgesprochen zahlreich und erfassen weite Lebensbereiche. Insbesondere hinsichtlich der Erhebung, Speicherung und Weiterleitung von Daten wurden die Befugnisse staatlicher Stellen erheblich erweitert.

---

[30] Vgl. z.B. http://www.zeit.de/politik/deutschland/2011-10/anti-terror-gesetz-verlaengerung, zuletzt abgerufen am 30.11.2012.
[31] "Antiterrordateigesetz vom 22. Dezember 2006 (BGBl. I S. 3409), das durch Artikel 5 des Gesetzes vom 26. Februar 2008 (BGBl. I S. 215) geändert worden ist".
[32] Vgl. neben anderen Presseberichten z.B. http://www.welt.de/politik/deutschland/article110687189/Karlsruhe-sieht-Probleme-bei-Anti-Terror-Datei.html, zuletzt abgerufen am 30.11.2012.
[33] Urteil vom 2. März 2010, 1 BvR 256/08, 1 BvR 263/08, 1 BvR 586/08.
[34] Urteil des Ersten Senats vom 15. Februar 2006, 1 BvR 357/05.

3. Besonderheiten der neuen Sicherheitsgesetze

Auffällig ist, dass sich der Schwerpunkt der neu geschaffenen Regelungen im **präventiven Bereich**, also vor Entstehung der konkreten Gefahr bewegt. Es geht den Behörden darum, Gefahren und Straftaten bereits gar nicht entstehen bzw. begehen zu lassen. Besonders deutlich wird dies auch anhand der neu eingeführten Strafrechtsnormen. Grundsätzlich wird bestraft, wer eine strafbare Handlung begangen hat. Anknüpfungspunkt ist also die „böse" Tat. Eine Bestrafung wegen feindlicher Gesinnung kennt das deutsche Recht grundsätzlich nicht. Eine Ausnahme, die auch schon vor 9/11 bestand, ist der als Reaktion auf den Terrorismus der RAF eingeführte § 129a StGB. Die neu erlassenen §§129b, 89a, 89b, 91 StGB erweitern den 129a StGB jedenfalls in seiner Zielrichtung: Es handelt sich um **Vorfeldtatbestände**, die nicht die „Böse" Tat bestrafen, sondern bereits die „böse Absicht."[35] Insofern ist festzustellen, dass der Gedanke der Prävention auch das Strafrecht erreicht hat.

III. Bewertung der Maßnahmen:

Seit den Anschlägen vom 11.09.2001 sind inzwischen mehr als 10 Jahre vergangen. Die als Reaktion auf die Anschläge erlassenen Gesetze gelten nun teilweise auch schon ein ganzes Jahrzehnt, sodass gefragt werden kann, ob sich die Sicherheitslage Deutschlands durch die neu geschaffenen Normen tatsächlich verbessert hat. Auf der anderen Seite steht die Frage, welche **Grundrechte** durch die geschaffenen Rechte staatlicher Behörden **beschränkt** werden und ob das eventuell verminderte Risiko zu der Freiheitsbeschränkung in einem angemessenen Verhältnis steht.

1. Hat sich die Sicherheitslage in Deutschlang objektiv verbessert?

Herauszufinden, was die neuen Gesetze wirklich gebracht haben, gestaltet sich als ausgesprochen schwierig. Häufig lässt sich das Nichtgeschehen bestimmter Ereignisse nicht zweifelsfrei auf bestimmte Ursachen zurückführen. Es kann nicht abschließend festgestellt werden, wie viele Gefahren nicht entstanden und wie viele Straftaten nicht begangen worden sind

Jedenfalls als Erfolg der Anti- Terror Maßnahmen in Deutschland zu werten ist das rechtzeitige Entdecken der **„Sauerland Gruppe"**[36] 2007 sowie die Festnahme ihrer

---

[35] Vgl. Albrecht, bpb, S. 1
[36] Bei der sog. Sauerland Gruppe handelt es sich um eine bis 2007 im Sauerland agierende Zelle der im Grenzgebiet von Pakistan und Afghanistan agierenden islamistischen Terrorgruppe „Islamische Jihad Union" (IJU), s. http://www.olg-frankfurt.justiz.hessen.de/irj/OLG_Frankfurt_am_Main_Internet?rid=HMdJ/OLG_Frankfurt_am_Main_Internet/sub/8bf/8b f50491-6305-3421-f012-f31e2389e481,,,11111111-2222-3333-4444-100000005003%2526overview=true.htm, zuletzt abgerufen am 02.12.2012.

Mitglieder und deren strafrechtliche Verurteilung zu langjährigen Haftstrafen im März 2010.[37] Die Terroristen der Sauerland Gruppe planten Terroranschläge in Deutschland. Aus Wasserstoffperoxid und TNT wollten sie Sprengstoff herstellen. Die Terrorzelle wurde monatelang überwacht, bevor es im September 2007 zu den Verhaftungen kam. Fest steht, dass hier eine konkrete Terrorgefahr bestand, der wirksam begegnet werden konnte. Politisch wurde und wird dies als großer Erfolg der Anti-Terror Maßnahmen gewertet. Im November 2010 wurde von Seiten der Bundesregierung eindringlich vor Terroranschlägen auf Ziele in der BRD gewarnt.[38] Glücklicherweise wurde kein Anschlag verübt, konkrete Gefahren wurden aber auch im Nachhinein nicht bekannt. Einen großen Misserfolg haben die Ermittlungsbehörden aktuell im Bereich des inneren Terrorismus zu verzeichnen: Im November 2011 wurde bekannt, dass die **„Terrorgruppe Nationalsozialistischer Untergrund" (NSU)** seit den 1990er Jahren für insgesamt 10 Morde verantwortlich sein soll und bis dato vor allem wegen Ermittlungsfehlern der Behörden unentdeckt bleiben konnte.[39] Der Terrorismus durch die NSU ist strukturell nicht mit dem islamistischen internationalen Terrorismus vergleichbar, soll hier aber als Beispiel dafür dienen, dass erweiterte Behördenbefugnisse nicht automatisch zu besseren Ermittlungserfolgen führen oder anders herum formuliert: Auch die weitgehendsten Befugnisse zur Informationsgewinnung- und Weitergabe sind dann nutzlos, wenn sie von den zuständigen Stellen nicht genutzt werden.

Als Zwischenergebnis ist festzuhalten, dass es durchaus nennenswerte Erfolge im Kampf gegen den Terrorismus gegeben hat, dass aber demgegenüber bedauerlicherweise auch Misserfolge gegenüberstehen, die keinesfalls auf mangelnde staatliche Eingriffsbefugnisse zurückzuführen sind, sondern auf schlichtes Behördenversagen. Eine eklatante Verbesserung der deutschen Sicherheitslage kann wohl nicht angenommen werden.

2. Eingriffe in bürgerliche Freiheitsrechte

Die erweiterten Behördenbefugnisse bedeuten auch, dass in einem immer größeren Umfang in die Freiheitsrechte der Bürger, insbesondere in die grundrechtlich verbürgten **Persönlichkeitsrechte** eingegriffen werden kann.

Es kann nicht genau recherchiert werden, wie häufig welche Befugnisse innerhalb der letzten Jahre genutzt wurden. Nach Auskunft der Bundesregierung im

---

[37] http://www.spiegel.de/politik/deutschland/urteil-im-terrorprozess-gericht-verhaengt-hohe-haftstrafen-gegen-sauerland-gruppe-a-681633.html, zuletzt abgerufen am 02.12.2012.
[38] http://suite101.de/article/terrorwarnung-deutschland-droht-anschlag-ende-november-2010-a92650, zuletzt abgerufen am 02.12.2012.
[39] http://www.tagesschau.de/inland/rechtsextrememordserie104.html, zuletzt abgerufen am 02.12.2012.

Evaluationsbericht zum Jahre 2009 wurden nur ausgesprochen selten Informationen z.B. bei Banken und Finanzdienstleister sowie Telekommunikationsunternehmen abgefragt.[40] Dem gegenüber stehen die Zugriffszahlen auf die Anti-Terror-Datei von 300.000 innerhalb von 4 Jahren (s. oben, S.6). Wer sich einen neuen Personalausweis oder Reisepass erstellen lässt, muss biometrische Daten preisgeben. Die Grundrechte der Bürger, insbesondere das **Recht auf informationelle Selbstbestimmung**,[41] werden durch die Erlaubnis zur Informationsbeschaffung – und Weitergabe also erheblich beeinträchtigt. Daneben sind auch das **Post- und Fernmeldegeheimnis** (Art. 10 GG) und das **Asylrecht** (Art. 16a GG) betroffen[42]

Wie aufgezeigt, kann eine objektiv verbesserte Sicherheitslage als Rechtfertigung für die Beibehaltung der durch das TBG eingeführten Befugnisse nicht festgestellt werden. Durch die Befristung des Gesetzes hätte die Möglichkeit bestanden, sowohl 2006 wie auch 2011 zum status quo vor Erlass des TBG zurück zu kehren. Dies ist aber nicht geschehen. Die Gesetze wurden verlängert und teilweise noch erweitert. Es kann nicht geleugnet werden, dass sich gegen die Verlängerungen erheblicher Protest in Politik und Gesellschaft geregt hat, jedoch nicht so weitgehend, dass die Mehrheit der Bevölkerung die Abschaffung der Befugnisse gefordert hätte. Wir lassen uns also erhebliche Eingriffe in unsere grundrechtlich verbürgten Freiheitsrechte gefallen, obwohl eine objektive Verbesserung der Sicherheitslage zumindest fragwürdig erscheint. Es muss also andere Gründe geben, weshalb die Mehrheit der deutschen Bevölkerung nicht die Abschaffung der Anti-Terror-Gesetze fordert.

IV. Legitimationsversuch – Warum lassen wir uns das gefallen?

Nach dem soeben Gesagten bleibt festzuhalten, dass eine erhebliche objektive Verbesserung der Deutschen Sicherheitslage im Sinne der Abwesenheit von Risiken nicht festgestellt werden kann. Erheblich ist allerdings der Eingriff in durch das Grundgesetz verbürgte Freiheitsrechte der Bürger. Es muss also einen anderen Grund als die Verbesserung der objektiven Sicherheitslage geben, warum die Bürger sich nicht massenhaft gegen die Eingriffsmaßnahmen stellen und die Beibehaltung ihrer Freiheitsrechte einfordern.

---

[40] http://www.bmi.bund.de/SharedDocs/Standardartikel/DE/Themen/Sicherheit/Terrorismus/gesetzgebung.html?nn=1071 46,zuletzt abgerufen am 30.11.2012.
[41] Das Recht auf informationelle Selbstbestimmung ergibt sich aus Art. 2 Abs. 1 GG i.V.m. Art. 1 GG.
[42] Lepsius, S. 7.

1. Der politische Sicherheitsbegriff

Um eine Antwort auf die Frage zu finden, wodurch die Sicherheitsmaßnahmen legitimiert sein könnten, warum sich dagegen also keine derartigen Proteste statuieren, dass eine Beibehaltung der Anti- Terror- Gesetze politisch nicht mehr haltbar wäre, muss man sich zunächst näher mit dem **Sicherheitsbegriff im politischen Kontext** auseinander setzen.

Sicherheit bedeutet der Begriffsbedeutung nach zunächst den *„Zustand des Sicherseins, Geschütztseins vor Gefahren oder Schaden; höchstmögliches Freisein von Gefährdungen [...]“* [43] . Bereits im 1. Jh. n. Chr. Wurde Sicherheit im Zusammenhang mit der Vorstellung einer „Pax Romana“ zur **politischen Leitidee**. Zur gleichen Zeit wurde Sicherheit im Lateinischen aber auch als Begriff im wirtschaftlichen Kontext verwendet. Daraus ergibt sich, dass der **Sicherheitsbegriff** bereits sehr früh eine **vielschichte Bedeutung** erhalten hat. Die Mehrdeutigkeit des Begriffs ist bis heute geblieben. Mit der Vielschichtigkeit des Begriffs Sicherheit korrespondiert der Umstand, dass Sicherheit immer auch von gesellschaftlichen bzw. politischen Rahmenbedingungen und individuellen Vorstellungen abhängig ist. Der Begriff der Sicherheit ist **im alltagssprachlichen Gebrauch bereits mehrdimensional**: zum einen bezieht er sich auf eine **psychische, innere Dimension**, zum anderen auf eine **äußere, kollektive oder objektive Dimension**. Regelungen und Handlungen müssen, um wirksam zu sein, beide Bereiche gleichsam ansprechen, also sowohl der inneren wie auch der äußeren Sicherheit dienen.[44]

Aus der Begriffsdefinition lässt sich bereits feststellen, dass der Begriff der Sicherheit nicht aus sich heraus verständlich ist und einem **permanenten Wandel** unterliegt. Sicherheit ist **abhängig von äußeren Rahmenbedingungen**, auch und gerade von politischen.[45] Wurde während des Kalten Krieges Sicherheit im politischen Sinne noch rein militärisch definiert, so hat sich der Begriff nach 1989/90 kontinuierlich verändert und ausgeweitet (s. schon oben, S. 1). Nicht mehr nur militärische Bedrohungslagen werden heute vom sicherheitspolitischen Denken umfasst, sondern auch zahlreiche andere Gefahrenquellen.[46] Bisher ist es der Politikwissenschaft nicht gelungen, eine allgemeingültige Definition des Sicherheitsbegriffs zu finden. Abschließend wird eine Definition aufgrund der Dynamik des Begriffs auch nicht möglich sein, es kann sich stets nur um Annäherungen, Ein- und Abgrenzungen handeln.

---

[43] Duden Das große Wörterbuch der deutschen Sprache" in 6 Bd. , 1980, Bd. 5, S. 2391.
[44] Brockhaus Enzyklopädie in 24 Bd. Bd. 19, S. 227 f., 19. Aufl., Mannheim 1993.
[45] Endreß/ Petersen, bpb, S. 1.
[46] Abou Taam, Deutsche Sicherheitspolitik, S. 29 f.

Beispielsweise wird im englischen bzw. amerikanischen Sprachraum gemeinhin zwischen **Security** (=Angriffssicherheit) und **Safety** (= Betriebssicherheit) unterschieden. In Deutschland existiert eine derartige Differenzierung anhand unterschiedlicher Begriffe nicht[47] Im deutschen Sprachgebrauch ist die Unterscheidung zwischen **innerer und äußerer Sicherheit** geläufig. Unter innerer Sicherheit kann die Gewährleistung von weitgehender Bedrohungsfreiheit innerhalb eines staatlichen Hoheitsgebietes verstanden werden. Äußere Sicherheit meint demgegenüber die Verteidigung des Staates vor Bedrohungen, die von außen kommen.[48] Gerade im Bereich der äußeren Sicherheit gilt es zu beachten, dass durch die zunehmende **Globalisierung** und Verbindung von Staaten ein Schutz von äußeren Einwirkungen zunehmend erschwert und die möglichen Gefahrenquellen immer unübersichtlicher werden. Hinzu kommt, dass Gefahren im Innern vorbereitet werden, die letztlich von außen auf einen Staat oder eine Gesellschaft treffen.[49] Eine Trennung nach innerer und äußerer Sicherheit hat zwar politische Tradition, widerspricht aber zunehmend der Realität: Je mehr Staaten miteinander verflochten sind, desto mehr verflechten sich auch ihre Gefährdungs- und Bedrohungspotentiale. *„Im globalen Dorf werden auch Konflikte globalisiert."* [50] Langfristig wird die Sicherheitsdebatte zunehmend international geführt werden müssen.

Dass der (politische) Sicherheitsbegriff einem permanenten Wandel unterlegen ist, zeigt sich besonders deutlich an der Entwicklung des Strafrechts weg von einem repressiven Strafrecht hin zu einem am Zwecke der Prävention orientierten Strafrecht. Der politische Sicherheitsbegriff orientiert sich zunehmend an **Prävention** und weniger an **Repression**. Beleg für diese Entwicklung ist auch und gerade die Gesetzgebung nach 9/11: nur eine Minderheit der Regelungen betrifft die Reaktion auf Geschehenes, primär geht es darum, ein Geschehen zu vermeiden.

Hinzu kommt eine weitere Besonderheit in der Sicherheitsdebatte im Zusammenhang mit dem islamistischen Terrorismus: Die **Gefahr** wurde **entindividualisiert**: Ging die Bedrohung während der Zeit des RAF Terrorismus noch von bestimmten Personen aus, so geht sie nunmehr von Personen und Gruppen aus, die weitgehend unerkannt und unbekannt aus dem Untergrund tätig werden. Auch eine Zuordenbarkeit zu einem bestimmten Staat ist nicht möglich.[51] Daraus, dass die Gefahr nicht bestimmten Personen zugeordnet werden kann folgt, dass auch die Maßnahmen zur

---

[47] Endreß, bpb vom 14.06.2012, S. 1.
[48] Abou Taam, Deutsche Sicherheitspolitik, S. 30.
[49] Abou Taam, Deutsche Sicherheitspolitik, S. 31 f.
[50] Abou Taam, Deutsche Sicherheitspolitik, S. 31.
[51] Lepsius, S. 4.

Gefahrvermeidung nicht nur gegen einzelne Personen gerichtet werden können, sondern das Kollektiv als solches betreffen.[52]

Festzuhalten ist an dieser Stelle somit, dass Sicherheit schon keine rein objektive Größe sein kann, weil der politische Sicherheitsbegriffe nicht rein objektiv zu bestimmen ist, sondern auch subjektive Elemente enthält. Sicherheit im Sinne eines Unberührtseins von Gefährdung und dem Erhalt der psychischen wie physischen Integrität ist ein menschliches Grundbedürfnis. Dieses Grundbedürfnis ist individuell, wird jedoch, wo Gesellschaft existiert, von dieser befriedigt. In diesem Kontext bedeutet Sicherheit für den Einzelnen, *„sich innerhalb eines Gemeinwesens weitgehend frei von existenziellen Gefahren entfalten zu können."*[53] Sicherheit im politischen Kontext ist im Ergebnis also kein objektiver Zustand, sondern *"eine Frage der Gewissheit"*[54]

Um den Einfluss des Psychischen besser verstehen und bewerten zu können, gilt es nun zu untersuchen, welchen Einfluss das psychische Sicherheitsbedürfnis auf die aktuelle Sicherheitspolitik hat.

2. Einfluss des psychologischen Sicherheitsbedürfnisses

Festgestellt wurde nunmehr, dass Sicherheit im Sinne politischer und gesellschaftlicher Sicherheit nicht rein nach objektiven Kriterien zu bestimmen ist, sondern maßgeblich auch durch innere, psychische Faktoren mitbestimmt wird. Das psychologische Bedürfnis soll im Folgenden anhand der **Maslowschen Bedürfnispyramide** näher dargestellt und untersucht werden Angst und Unsicherheit als Gegenpol zur Sicherheit spielen auch in anderen psychologischen Paradigmen wie etwa der Psychoanalyse eine Rolle,[55] jedoch soll die Darstellung hier auf die Maslowsche Bedürfnispyramide beschränkt werden, um den Rahmen der Arbeit nicht zu sprengen.

a) Einordnung des Sicherheitsbedürfnisses in die Maslowsche Bedürfnispyramide

Abraham Maslow, US- amerikanischer Psychologe (*1. April 1908 in Brooklyn, New York City; † 8. Juni 1970 in Menlo Park, Kalifornien) gilt als Mitbegründer der **Humanistischen Psychologie**. Die Humanistische Psychologie versteht sich als „dritte Kraft" neben dem Behaviorismus und der Psychoanalyse.[56] Sie kennzeichnet eine Auffassung von Psychologie, bei der das Wachstumspotenzial gesunder

---

[52] Lepsius, S. 17.
[53] Böckenförde, in: ders./ Gareis, S. 12.
[54] Kötter, S. 12.
[55] Freud, Hemmung, Symptom und Angst.
[56] Göller, S. 104.

Menschen betont wird und nicht so sehr die psychischen Schwächen im Mittelpunkt stehen. Nicht was der Mensch ist, steht im Mittelpunkt der Humanistischen Psychologie, sondern die Möglichkeit, was er potentiell werden kann. [57] Maslow formulierte 1970 auf der Grundlage des Menschenbildes der Humanistischen Psychologie eine **hierarchische Motivationstheorie** zur Erforschung des menschlichen Verhaltens. Bereits in seiner frühen Karriere bei der Arbeit mit Affen, entdeckte er, dass einige Bedürfnisse vor anderen Vorrang haben. Erst wenn die Bedürfnisse der unteren Stufen befriedigt sind, entstehen die weiteren Bedürfnisse. An erster Stelle stehen die physiologischen Triebe als menschliche Grundbedürfnisse. Die Bedürfnisse nach Schlaf, Nahrung, Wasser, Sex sind die stärksten aller Bedürfnisse. Wenn keines der Bedürfnisse befriedigt ist, wird der Körper von den physiologischen Bedürfnissen bestimmt und lässt die anderen Bedürfnisse gar nicht aufkommen, bzw. drängt sie in den Hintergrund. Sobald die physiologischen Grundbedürfnisse befriedigt sind, entsteht so zusagen auf der zweiten Stufe das Bedürfnis nach Sicherheit. Sicherheit ist auch in diesem Zusammenhang mehrdimensional zu verstehen als Stabilität, Schutz, Geborgenheit, Angstfreiheit, Gesetz, Ordnung usw. Auffällig und wichtig für diese Arbeit ist die Feststellung, dass das Sicherheitsbedürfnis bereits auf der zweiten Stufe der Bedürfnispyramide steht, gleich nach den physiologischen Grundbedürfnissen, vor sozialen Bedürfnissen, dem Bedürfnis nach Selbstachtung und Selbstverwirklichung. Das Sicherheitsbedürfnis ist also elementar für die menschliche Existenz. Wer sich nicht sicher fühlt, der ist nicht in der Lage, soziale Kontakte aufzubauen und zu pflegen, Selbstvertrauen zu entwickeln und sich selbst zu verwirklichen. Das Bedürfnis nach Sicherheit äußert sich auch in der Bevorzugung des Vertrauten vor dem Neuen, Unbekannten.

---

[57] Göller, S. 105.

b) Auswirkungen des Sicherheitsbedürfnisses auf die aktuelle Sicherheitspolitik

Wie aufgezeigt, ist das Sicherheitsbedürfnis bzw. seine Befriedigung elementar für die menschliche Existenz. In Gesellschaften, in denen es reale Bedrohungen für *„das Gesetz, die Ordnung, die Autorität"* [59] gibt, kann das Bedürfnis nach Sicherheit besonders groß sein. Maslow beschreibt insoweit, dass eine derartige reale Bedrohung der bestehenden Gesellschaftsordnung eine Regression der meisten Menschen von höher angesiedelten Bedürfnissen auf das Sicherheitsbedürfnis bewirken wird.[60] Die Erklärung des damaligen Bundeskanzlers Schröder *„Die gestrigen Anschläge in New York und Washington sind nicht nur ein Angriff auf die Vereinigten Staaten von Amerika; sie sind eine Kriegserklärung gegen die gesamte zivilisierte Welt"*[61] bedeutet demzufolge nicht nur, dass die gesamte westliche Welt von den Anschlägen des 11.09.2001 betroffen wurde, sondern auch, dass in der gesamten westlichen Welt ein Sicherheitsbedürfnis durch die unbestimmbare Bedrohung Terrorismus entstanden ist,

---

[58] Grafik entnommen von http://www.it-fsinn.de/wp-content/uploads/2010/12/Maslow.png,zuletzt abgerufen am 12.12.2012.
[59] Maslow, S. 70.
[60] Maslow, S. 70.
[61] S. o., S. 1.

auf das die Politik zu reagieren hatte und entsprechend der ihr zur Verfügung stehenden Mittel mit Gesetzen reagiert hat. Insofern sind psychologisches Sicherheitsbedürfnis und Sicherheitspolitik eng mit einander verzahnt.

V. Fazit:

Im Ergebnis festzuhalten bleibt: Die Anti- Terrorgesetzgebung in Deutschland nach den Anschlägen vom 11.09.2001 ist in erster Linie als Antwort auf das Sicherheitsbedürfnis der Bevölkerung zu verstehen. Problematisch ist vor allem, dass aufgrund der Unbestimmtheit und Unvorhersehbarkeit möglicher Gefahren bzw. Anschläge eine wirkliche Verbesserung der (objektiven) Sicherheit nicht bzw. nur unter unverhältnismäßiger Einschränkung von Freiheitsrechten möglich ist. Die Besonderheit gerade des islamistischen Terrorismus besteht darin, dass der Anschlag grundsätzlich zu jeder Zeit an jedem Ort verübt werden kann. Deutlich wurde diese permanente Bedrohung gerade wieder in der Phase der Schlussarbeiten zu dieser Arbeit, als am 10.12.2012 am Bonner Hauptbahnhof eine Tasche sichergestellt wurde, in der sich eine Bombe befand, die vermeintlich von Salafisten am Bahnsteig deponiert wurde.[62] Dass die Bombe nicht explodierte, lag an der Fehlerhaftigkeit des Zünders, nicht aber am Erfolg der Ermittlungsbehörden. Sofort wurde wieder der Ruf laut nach weitgehenderen Überwachungsmöglichkeiten auf öffentlichen Plätzen und Bahnhöfen. [63] Im Bonner Fall hätte es bereits aufgrund bestehender Befugnisse Videoaufzeichnungen geben können, erneut wurden die bereits bestehenden Befugnisse nicht genutzt. Dieses Beispiel soll in erster Linie nicht dazu dienen, um die Ermittlungsarbeit der Behörden zu kritisieren, sondern um aufzuzeigen, dass nach einem derartigen Ereignis wie dem Bombenfund in Bonn sofort Stimmen laut werden, die nach einem stärkeren Staat verlangen, der auf die festgestellte Bedrohungslage souverän zu reagieren weiß. Das Gewaltmonopol des Staates führt dazu, dass ihm auch die Aufgabe obliegt, für die Sicherheit seiner Bürger zu sorgen. Sowohl die Medien wie auch die Politik selbst tun ihr Übriges dazu bei, um die Bevölkerung Glauben zu machen, eine Verbesserung der Sicherheit sei möglich, man müsse nur die entsprechenden Eingriffsbefugnisse schaffen.[64] Die permanente Forderung von mehr Sicherheit ist Konstante in der Sicherheitsdiskussion. Daran wird deutlich, dass aus der Herstellung größerer Sicherheit wieder neue Unsicherheiten folgen, was zu

---

[62] http://www.tagesspiegel.de/weltspiegel/bonner-bombe-bundesanwaltschaft-uebernimmt-ermittlungen/7523790.html, zuletzt abgerufen am 16.12.2012.
[63] http://www.zeit.de/gesellschaft/zeitgeschehen/2012-12/bombe-bonn-ueberwachungsvideo-strafen, zuletzt abgerufen am 16.12.2012.
[64] Vgl. Fn. 62, Friedrich und Schünemann fordern eine flächendeckende Videoüberwachung an Bahnhöfen und öffentlichen Plätzen.

einem erneuten Ruf nach staatlichem Tätigwerden führt. Psychologisch zu erklären ist dies mit dem von Maslow beschriebenen Sicherheitsbedürfnis (s. o., S. 16). Das Bedürfnis nach Sicherheit ist eines der dringendsten Bedürfnisse, sodass wir bereit sind, erhebliche Einbußen hinzunehmen, um das Sicherheitsbedürfnis zu befriedigen. Gerade auch indem der Staat, aber auch die Medien behaupten, eine Erhöhung der Sicherheit sei möglich, fordern wir diese auch ein.

In einer globalisierten Welt wird es nicht möglich sein, so sichere und vertraute Lebensumstände herzustellen, wie dies noch vor Ende des Kalten Krieges möglich war. Insofern ist ein Umdenken erforderlich: Absolute Sicherheit oder auch nur ein permanent gleichbleibender Sicherheitszustand sind nicht (mehr) herstellbar. Stärker in die Sicherheitsdiskussion sollte auch das Problem der zunehmenden Freiheitsbeschränkung eingebracht werden. Das Streben nach absoluter Sicherheit würde die absolute Aufgabe der Freiheit im Sinne eines staatlicher Kontrolle entzogenen Raumes persönlicher Entfaltung bedeuten. Dennoch gäbe es immer Menschen und Gruppen, die sich dem System absoluter Kontrolle entziehen, sodass es am Ende doch keine absolute Sicherheit und Gefahrenfreiheit gäbe. Die Aufgabe der Freiheit wäre insofern unnötig. Nach Gusy setzt Sicherheit immer auch ein Mindestmaß an Freiheit voraus. Sicherheit und Freiheit können niemals absolut gelten, sondern immer nur relative Werte sein.[65] Aufgabe der Politik muss es dann sein, diese beiden Werte in ein ausgeglichenes Verhältnis zu einander zu bringen. Es wäre wünschenswert, würde die Sicherheitsdebatte rationaler geführt werden. Ehrlicherweise müsste die Politik zugeben, dass eine absolute Sicherheit und mithin auch die volle Befriedigung des Sicherheitsbedürfnisses unmöglich sind. Wohl oder übel müssen wir uns an ein Leben mit dem Restrisiko gewöhnen.

Die Sicherheitsgesetz nach dem 11.09.2001 haben mithin weder zu einer objektiv erhöhten Sicherheit geführt, noch haben sie das Sicherheitsbedürfnis der Bevölkerung effektiv zu befriedigen vermocht. Das Bedürfnis nach mehr Sicherheit ist noch immer sehr groß. Erst eine Rationalisierung der Debatte könnte dazu führen, dass eine gewisse Risikotoleranz eintritt. Kontraproduktiv in diesem Sinne sind solche politischen Maßnahmen wie die Eröffnung des Gemeinsamen Extremismus- und Terrorismusabwehrzentrums (GETZ)[66] zu einem Zeitpunkt, an dem immer mehr Kommunikations- und Behördenpannen bei den Ermittlungen zu dem rechtsextremistischen Trio „Nationalsozialistischer Untergrund" (NSU) ans Licht kamen. Hier ging es reinweg um Symbolik, nicht aber um die Herstellung von mehr Sicherheit.

---

[65] Gusy, S. 2.
[66] http://www.bmi.bund.de/SharedDocs/Pressemitteilungen/DE/2012/mitMarginalspalte/11/eroeffnung_getz.html.

Literaturverzeichnis

Abou-Taam, *Marwan:* Deutsche Sicherheit im Spannungsfeld des internationalen Terrorismus und der Weltordnungspolitik, Hamburg 2007

Ders.; Folgen des 11. September 2001 für die deutschen Sicherheitsgesetze, in: Aus Politik und Zeitgeschichte 27/ 2011; S. 1- 4

Albrecht, Hans- Jörg: Entwicklungen in der Politik Innerer Sicherheit, http://www.bpb.de/politik/grhttp://www.bpb.de/politik/grundfragen/deutsche-verhaeltnisse-eine-sozialkunde/138622/entwicklungen-in-der-politik-innerer-sicherheitundfragen/deutsche-verhaeltnisse-eine-sozialkunde/138622/entwicklungen-in-der-politik-innerer-sicherheit, zuletzt abgerufen am 05.10.2012

Demuth, Norbert: Karlsruhe sieht Probleme bei Anti-Terror-Datei, in: Die Welt, 06.11.2012, http://www.welt.de/politik/deutschland/article110687189/Karlsruhe-sieht-Probleme-bei-Anti-Terror-Datei.html, zuletzt abgerufen am 30.11.2012

Denninger, *Erhard:* Freiheit und Sicherheit? Anmerkungen zum Terrorismusbekämpfungsgesetz, in: Aus Politik und Zeitgeschichte, Bd. 10-11 /2002, S. 22- 30

Endreß, Christian/ *Petersen*, Nils: Die Dimensionen des Sicherheitsbegriffs, Bundeszentrale für politische Bildung, http://www.bpb.de/politik/innenpolitik/76634/dimensionen-des-sicherheitsbegriffs, abgerufen am 05.10.2012

Freud, Sigmund: Hemmung, Symptom und Angst, 1926

Göller, Hans: Psychologie : Emotion, Motivation, Verhalten, Stuttgart, Berlin, Köln 1995

Gusy, Christoph: Freiheit und Sicherheit, , Bundeszentrale für politische Bildung, http://www.bpb.de/politik/innenpolitik/76651/freiheit-und-sicherheit, abgerufen am 05.10.2012

Jansen, Frank: Bonner Bombe: Bundesanwaltschaft übernimmt Ermittlungen, in Der Tagesspiegel vom 14.12.2012, http://www.tagesspiegel.de/weltspiegel/bonner-bombe-bundesanwaltschaft-uebernimmt-ermittlungen/7523790.html, zuletzt abgerufen am 16.12.2012

Kötter, Matthias: Pfade des Sicherheitsrechts: Begriffe von Sicherheit und Autonomie im Spiegel der sicherheitsrechtlichen Debatte der Bundesrepublik Deutschland, Baden Baden 2008

Lepsius, *Oliver:* Das Verhältnis von Sicherheit und Freiheitsrechten in der Bundesrepublik Deutschland nach dem 11. September, 2001 http://webdoc.gwdg.de/ebook/lf/2003/aicgs/publications/PDF/lepsius.pdf, zuletzt abgerufen am 01.11.2012

Maslow, Abraham H.: Motivation und Persönlichkeit, 23. - 25. Tsd., Reinbek bei Hamburg, 1991

Tilmes, Jörg: Terrorwarnung: Deutschland drohte Anschlag Ende November 2010, http://suite101.de/article/terrorwarnung-deutschland-droht-anschlag-ende-november-2010-a92650, zuletzt abgerufen am 02.12.2012

Ohne Autor

Brockhaus Enzyklopädie in 24 Bd. Bd. 19, S. 227 f., 19. Aufl., Mannheim 1993
Duden, Das große Wörterbuch der deutschen Sprache" in 6 Bd. , 1980, Bd. 5, S. 2391

Internetquellen ohne Autor

http://www.bmi.bund.de/SharedDocs/Standardartikel/DE/Themen/Sicherheit/Terrorism us/gesetzgebung.html?nn=107146, abgerufen am 30.11.2012

http://www.bmi.bund.de/SharedDocs/Pressemitteilungen/DE/2012/mitMarginalspalte/1 1/eroeffnung_getz.html, zuletzt abgerufen am 16.12.2012

http://juris.bundesgerichtshof.de/cgi-bin/rechtsprechung/document.py?Gericht=bgh&Art=pm&pm_nummer=0013/10, zuletzt abgerufen am 05.10.2012

http://www.documentarchiv.de/brd/2001/rede_schroeder_terror-usa.html,   zuletzt abgerufen am 01.10.2012

http://www.olg-frankfurt.justiz.hessen.de/irj/OLG_Frankfurt_am_Main_Internet?rid=HMdJ/OLG_Frankf urt_am_Main_Internet/sub/8bf/8bf50491-6305-3421-f012-f31e2389e481,,,11111111-2222-3333-4444-100000005003%2526overview=true.htm, abgerufen am 02.12.2012

http://www.spiegel.de/politik/deutschland/urteil-im-terrorprozess-gericht-verhaengt-hohe-haftstrafen-gegen-sauerland-gruppe-a-681633.html, abgerufen am 02.12.2012

http://www.stern.de/panorama/hamburger-terrorzelle-90392872t.html,   zuletzt abgerufen am 05.10.2012

http://www.tagesschau.de/inland/rechtsextrememordserie104.html,   abgerufen   am 02.12.2012

http://de.wikipedia.org/wiki/Madrider_Zuganschl%C3%A4ge#Orte_der_Explosionen, zuletzt abgerufen am 05.10.2012

http://de.wikipedia.org/wiki/Terroranschl%C3%A4ge_am_7._Juli_2005_in_London, zuletzt   abgerufen   am   05.10.2012

http://www.zeit.de/gesellschaft/zeitgeschehen/2012-12/bombe-bonn-ueberwachungsvideo-strafen, zuletzt abgerufen am 16.12.2012

http://www.zeit.de/politik/deutschland/2011-10/anti-terror-gesetz-verlaengerung, abgerufen am 30.11.2012

Abbildungsverzeichnis

Maslowsche Bedürfnispyramide, S. 16: http://www.it-fsinn.de/wp-content/uploads/2010/12/Maslow.png, zuletzt abgerufen am 12.12.2012